# 목화의 노래

이 산 시집

도서출판 실천

# 목화의 노래
## 실천 서정시선 101

---

초판 1쇄 인쇄 | 2024년 11월 4일
초판 1쇄 발행 | 2024년 11월 8일


지 은 이 | 이 산
발 행 인 | 이어산
기 획 · 제 작 | 이어산
발 행 처 | 도서출판 실천
등 록 번 호 | 서울 종로 바00196호      등 록 일 자 | 2018년 7월 13일
　　　　　  | 진주 제2021-000009호　　　　　　 | 2021년 3월 19일
서울사무실 | 서울특별시 종로구 율곡로 6길 36
　　　　　　02)766-4580, 010-6687-4580
본사사무실 | 경남 진주시 동부로 169번길 12, 윙스타워지식산업센터 A동 705호
　　　　　　055)763-2245, 010-3945-2245  팩스 055)762-0124
편 집 · 인 쇄 | 도서출판 실천
디자인실장 | 이예운　　디자인팀 | 변선희, 김승현, 김현정


ISBN 979-11-92374-66-6
값 12,000원


* 이 책은 전부 또는 일부 내용을 재사용하려면 저작권자와 '도서출판 실천'의 동의를 받아야 합니다.
* 이 책의 국립중앙도서관 출판예정도서목록(CIP)은 서지정보유통지원시스템(http://seoji.nl.go.kr)과 국가자료종합목록시스템(http://www.nl.go.kr/kolisnet)에서 이용하실 수 있습니다.
* 잘못된 책은 교환해드립니다

# 목화의 노래

이 산 시집

■ 시인의 말

말이 말을 삼킵니다.
말이 나를 먹습니다.
말을 하지 않고 글만 썼더라면….

무릎을 칩니다.
말이 사라지고
글들이 곡조가 되었으면 합니다.
쏟아놓은 나의 생이 노래가 되었으면 합니다.

_ 2024년 11월 이 산

■ 차례

**1부**

마리골드8 13
목화1 14
우박 16
깽깽이풀 17
대원사 백일홍 18
부추꽃 19
곰보배추 20
대추나무에게 말 걸기 22
푸른발부비새 23
산죽 24
혼자 하는 말 26
나무랄 데 없다 27
아이스크림 28
천년의 사랑 30
민들레 31
무언가 32
삼림욕 34

## 2부

소금　39
눈사람　40
흰 손　42
fade out 그리고 fade in　44
사랑을 위한 알레그로　46
어떤 날　47
남문산역에서　48
날개　50
술래잡기　52
수직은 수평을 지향한다　54
그대에게 갈 수 있는 마음　55
초가을　56
들꽃　57
감정적 상처　58
임사 체험　59
모허절벽의 꽃　60
동백꽃 임종계　62

## 3부

목화2 67
부석사 선묘낭자 68
단속사지 삼층석탑 69
공개바위 70
금기 72
우담바라 73
하루 74
얼룩 75
점의 발견 76
백두산 가는 길 78
사월에 부치는 편지 80
피아노 5중주 82
무명가수의 노래 84
싱어게인(김이나) 86
미얀마 소년 88
조지아에서 90
졸곡卒哭 92

## 4부

우문현답　97
단청丹靑　98
봉명산 다솔사　100
저녁　102
달 항아리　103
나의 노래　104
목련꽃　106
그 무렵 내리는 비　108
낙하　110
우전차雨前茶　111
목화의 노래　112
어디로 가나　114
범종소리　117
반가사유　118
은총　119
깨달음　120
모습은 다 어디로 가나　122
해설(강희근)　124

1부

# 마리골드

잠잠하다

바람조차 숨죽이는 말쑥한 여염麗艶

구름 한 점 두르지 않은 목덜미

크리스마스에 입을 옷을 미리 준비하는 소녀

짙은 독백이 향기로운 무대 위의 여배우

# 목화1

처음 씨를 심었던 그해도 봄이었다고 읽었습니다 꽃이 필 무렵에는 온 몸이 가렵다고도 하였습니다 무슨 약속처럼 작대기 받쳐놓은 묵은 서답줄에 흰 눈송이 점멸하듯 무명옷들이 널려 있었다 하였습니다 배양마을 소나무가 굽어질수록 오래전에 얼어 죽은 사람들의 흰 뼈가 드러나서 솜으로 누빈 천을 덮어주었다고도 했습니다 지금은 빛이 기우는 목화밭에서 서로가 마음을 위무합니다 아무리 세월이 변했다지만, 그분의 촉루에 감도는 정신의 빛깔은 아직도 적막한 흰빛입니다..

* 배양마을 : 산청군 단성면 사월리 마을이름. 문익점 선생이 태어난 고향마을로 처음 목화를 심은 곳.

* 그분 : 삼우당三憂堂 문익점 선생

* 촉루髑髏 : 살이 전부 썩은 죽은 사람의 머리뼈

# 우박

당신이 세상으로 올 때에도
울음으로 만든
쓰디 쓴 알약을 처방 받았으리라
마음먹은 대로 변화되지 않는 삶 때문에
눈물로 깎아 세워 놓은 무지개
바위틈을 비집고 나와 피는 꽃도 있다
결대로 온전하게 사는 길
역행을 시도하는 사람에게는
느닷없이 혈을 파고들어
욱신거리는 통증이 된다

## 깽깽이 풀

누가 아픈 모양이다

살이 떨리도록 우는 소리
병실 벽을 울리는 어둠 저 편에서
자신의 속살을 부여잡고 고통을 참아내고 있다
지금까지 살도록 부모의 얼굴조차 모른다던
그 늙은 환자의 넋두리가 천정에 달라붙어
이따금 반짝이는 별빛으로 보이는 밤
환자의 침대 밑에 웅크린 자줏빛 강아지가
낑낑거리며 긴 여운을 남긴다
주인이 앓는 소리에 귀를 세우는 강아지나
침대에 누워 신음하는 사람이나
무너지는 심정은 매한가지
그만 날이 밝아 오면 좋겠지만
여명에 드러나는 몰골이 더 흉할 것이고
밖으로 나간 강아지는 뒷산 어디에서
이름 모를 풀잎을 뜯어먹고서
깨갱 깽깽 미친 듯이 울어 대겠다

## 대원사 백일홍

오래전 처음 대원사에 가서는
범종루의 당목撞木이 되고 싶었는데

오늘은 계곡을 거슬러 올라가서
석탑 옆 배롱나무가 되고 싶네

발갛게 내 생의 전부를 드러내어
겹겹이 지은 업을 불사르고 싶네

참회의 백일기도 올리고 싶네




*대원사大源寺 : 산청군 삼장면 유평리 지리산에 소
　　　　　　재한 사찰

## 부추꽃

새로 입학한 소녀의 흰 얼굴을 보고 조선백자가 떠올랐다

서너 평 되는 부추 밭의 풀을 뽑다가 잎 가운데로 꽃대를 밀어올린 별을 닮은 작고 하얀 부추꽃을 보면서, 유난히 얼굴빛이 희고 귀엽던 그 소녀가 생각났다
수소문 하여 알아보았더니 대학을 졸업하고 직장에 다닌다는 소식과 함께 그 아이의 최근 사진을 휴대폰으로 보내왔다 옛날과는 너무 다른 모습이라고 문자를 보냈더니, "선생님, 그 애 성형했어요."라는 답이 왔다

이후로 부추꽃 피는 철에는 밭에 가지 않았다

## 곰보배추

거울이 필요 없는 나에게
자꾸 거울을 보라고 하는 것은
가을보다 더 쓸쓸하고 모진
겨울의 시련이었다

모두들 봄의 마당으로 몰려가서
서로 먼저 꽃을 피울 것이라고
거울 앞에서 장담을 할 때

생김새는 하늘이 주신 것이지만
의지는 순전히 나에게 맡겨진
선물이었음을 알게 되었을 때

당당히 겨울의 능선으로 올라가
가장 혹독한 바람과 맞서며
운명을 헤치고 길을 열어 나아갔지

보아라,

눈보라 속에서도 자세를 잃지 않고
꼿꼿하게 정신을 세우고 있었음을

너희들이 거울을 보는 동안
나는 나를 끝까지 놓치지 않고
눈자리 나도록 응시하고 있었음을

# 대추나무에게 말 걸기

말의 자취는
어린 묘목을 심고 물주는 사람의 심정
멀리 가서도 낮달처럼 떠오르는 나무의 침묵
별들이 줄지어 눈 뜨는 저녁하늘
석어石魚들이 살고 있다는 만어산 너덜겅
달 돋는 고향 쪽으로 눈을 돌리는 나무들
무슨 말이든 위로하고 싶은 나는
자꾸 입맛을 다신다

계절이 제 그림자를 딛고 돌아가는 길목에서
여린 가지에 잎을 피운 세 그루의 나무
어떻게 말을 건네야 할까요
도달하지 못하는 감정을 돌에 새겨서
말풍선에 매달아 동쪽으로 보내고
돌아오는 단오 날 오후,
돌멩이 하나 가지사이에 얹어 시집보내주겠다며
대추나무에게 다가가서 말을 걸어보기로 한다

# 푸른발부비새

네가 마음에 들면 너를 따라 번갈아 발을 들어 발바닥을 보여주리라 갈수록 애정이 짙어진다면 가슴을 펴서 단단한 어깨를 보여주리라 네가 좋아하는 꽃이 가득 핀 언덕으로 가서 너의 손 마주 잡고 끝없는 바다를 함께 보리라 사랑이 깊어질수록 서로의 행동이 같아지는 우리, 부비새처럼 선인장 아래에 둥지를 틀고 푸른 발로 힘차게 파도를 헤치며 미래를 향하여 자맥질 하리라

\*푸른발부비새 : 갈라파고스 군도에 서식하는 가다랭이잡이과의 새로 선명한 파란색 다리에서 이름이 붙여졌다. 구애 행동을 할 때 수컷이 다리를 번갈아 들어 암컷의 주위를 맴돌며 춤을 춘다. '푸른발얼가니새'라고 부르기도 한다.

## 산죽

산죽들 변함없이 푸르렀다
큰 키 나무들 아래에서 엄살 없이 푸르렀다

비탈길 내닫는 바람
나무들 겨드랑이 사이로 거침없이 다니도록
담백한 햇빛 잎에서 구르다가
돌나물, 냉초, 구슬봉이 이마에서 톡톡 터질 수
있도록
산죽은 가능한 자신을 낮추고 있다

숙인다고 품은 기개 낮아지지 않았고
작다고 생각마저 좁아지지 않았으니
사는 자리 타박 않고 사철 내내 정정하다

푸릇한 결 헤집고 산죽 숲에 들어서니
낮추지 못한 만큼 삐져나온
내 허물이 돋아 보인다

아무렇게나 살아도 되는 깊은 산중에서
자신을 기꺼이 낮추어 살면서도
이웃을 배려하는 산죽이 살고 있다




*산죽 : 산에 나는 키가 낮은 대나무

## 혼자 하는 말

놔두고 갈게
아무도 쳐다보지 않을 때
할 말이 없을 때
시선 둘 데가 사라져버리고
생각 속으로 구름이 몰려와 자리 잡고 앉을 때
마음을 가지고 갈 수가 없어라

내심, 보내기 어려우면
준비해 두지 않았던 본심은
말하지 않아도 그만,

바람이 오던 걸음을 갑자기 멈추려 할 때
파랗게 금이 간 마음하나
그냥 너에게로 던질게

# 나무랄 데 없다

작년에 잘라준 가지 끝에 순이 돋아나고
올해는 매듭이 많은 말투를 매끈하게 다듬어 주고
내년에 사춘기 맞을 둥치는 세련되게 키워야지
가까이서 보면 허점투성이를
떨어져 살아보니 그래도 모양이 잡혀
한그루 나무처럼 보기가 좋다

한줄기 바람 다가와서 속삭이는데
이제는 나물랄 데 없으니 걱정 마시라
아이도 늙게 되니 마음을 비우더라고
마디아래 옹이 품은 고목이 되더라고

# 아이스크림

따뜻한 말 한마디에 녹아내리는 영혼이 있다면
죽기 전에 만년설 덮인 산으로 가고 싶었다

애틋하게 쌓아올린 감정으로 이루어진
몇 개의 언덕을 넘어
수평선과 맞닿은 태양이 아래부터 녹기 시작하는
그런 바다로 가고 싶었다

혀끝에서 천천히 사라지는 산맥과 빙하의 조문을 위해
왕관을 눌러 쓴 이마가 극지에 가 닿도록
입김으로 호호 손 녹여가며 절을 올려야 하리

횃불이 녹아 싸늘하게 식어가는 세월을 살고도
달콤한 죽음을 맛볼 수 있다는 것을 깨우쳐 준
참으로 냉혹한 당신의 체온을 위해

뜨거운 나의 심장을 움켜쥔 채 차가운 달을 바라보네

# 천년의 사랑
– 부여 궁남지 연꽃

나, 여기 이대로 앉아
그대를 기다리고 있겠습니다

먼 훗날 그대가 바람으로 와서
나의 이름을 부르신다면
수 만개 예쁜 무릎을 개고
기꺼이 당신을 맞이하겠습니다

천지에 애달픈 그리움 풀어 놓고
오래 묵은 가얏고 소리를 틔워
서동요 한 소절 불러드리겠습니다

궁남지 물 위에 가부좌 틀고 앉아
옛 사랑 한 땀 한 땀 수놓는 마음
등잔에 불 밝혀 사방 펼쳐놓겠습니다

# 민들레

주체할 수 없는 서원誓願이 북받쳐 오를 때
바닥에 자신을 한없이 낮추는 기도가 있다

가슴 저린 세상의 비애가 몰아닥칠 때
눈물로 마음을 풀어놓는 고백의 기도가 있다

경건을 다 하여 올리는 기도 말 한 구절
뉘우침이 닿기를 바라는 통회의 기도가 있다

애절한 간구를 위하여 꽃잎처럼 입술이 떨릴 때
비로소 심정의 말문이 트여
하늘을 향한 만도晩禱의 종소리 울려 퍼진다

# 무언가無言歌

언제 떠날 거냐고 물어도 개똥지빠귀는 대답이 없다
야코프 루드비히 펠릭스 멘델스존 바르톨디의
'바이올린 협주곡 E단조'가 끝났는데도
새는 콧노래를 흥얼거리며 맑게 갠 하늘을 날아다녔다

겨울을 지낸 감나무의 까치밥이 달렸던 자리
새록새록 잎이 돋아 새로운 살림을 준비하는 동안
서곡이 끝나고 이어지는 A장조 '사냥의 노래' 무대 한켠
개똥지빠귀는 여전히 안경을 끼고 앉아 있었다

저러다가 때를 놓치고 눌러앉아 텃새로 사는 건 아닌지…
슈베르트의 '겨울 나그네'로 곡을 바꾸어 줄까

하는데
갈색 털이 빼곡한 귓바퀴를 만지작거리다가
적갈색 날개를 부르르 털고 있는 모습에는
잔뜩 초조함이 배어있었다

내심 마지막 곡이라 생각하며
A장조 '봄의 노래'를 슬며시 들려주었다
짧은 곡이 끝나자 언제 그랬냐는 듯이 기지개를 켜더니
정확하게 나침반 N이 가리키는 방향으로 날아올랐다

곤두세운 깃털사이로 얼핏 설핏 아무르강의 초원이 보였다

# 삼림욕

모든 나무들이 문처럼 서 있었다 문을 열고 들어가려하자 아코디언처럼 접힌 여러 겹의 벽이 나타났다 언제부터 나무는 경계를 가졌는가 사람이 옷을 입기 시작하면서부터 나무는 몸을 둥글게 말았을 것이다

그 둥근 시간들을 깎아 우리는 평면의 집을 지었다 집으로 들어가기 위해 오늘도 몇 그루의 나무를 베어낸다 공간은 넓어지지만 숲은 바빠진다 좁은 틈사이로 햇살이 파고들어 나뭇잎을 부추기고 곰팡이를 쓰다듬고 물관을 넓힌다

그래, 저 부름켜의 치밀한 생각들이 숲을 세우는구나 성을 쌓아 올리는구나 천천히 몸속에 동굴을 파 놓는구나 포도주가 은밀하게 익어가고 있었다 슬며시 문을 열고 나왔을 때 옷을

입지 않았다 알몸인 내가 나무가 되었다 마침내 숲을 이루었다

# 2부

# 소금

전신 엑스레이를 찍었습니다

지금까지 부리며 살아온 몸의 자취들이
샅샅이 들여다보였습니다

빛이 들었다 나간자리에는
청춘이 빠져나간 빈자리도
바람구멍처럼 드문드문 보였습니다

깊어서 캄캄한 가슴아래
참았던 눈물들이 고여 앉은자리

밀물이 들었다 나간 염전 바닥처럼
미어지던 것들이 보듬고 엉기어서
낱낱이 흰 눈빛을 반짝이고 있었습니다

# 눈사람

당신은 내 안에 있으면서도
감쪽같이 사라지려는 사람

어디론지 끝없이 흘러가면서도
노래를 멈추지 않는 사람

밤길을 뒷걸음질 치며
별빛처럼 점멸하는 사람

빙하보다 깊고 차가운
슬픔 전부를 닦아내기엔 늦은 저녁

여태껏 단 한 번도 당신을
내 안에서 놓지 않아서
마주보고 있으면 문득 닮아가는 사람

돌아서서 열을 헤아리라 하고서는

흔적도 없이 사라지는 사람

심정을 모두 털어 놓고 붙잡고 싶은
내 앞에서 굳이 뜨거운 이별을 배우려는 사람
눈물로 세상을 하얗게 못질하는 사람

# 흰 손

영광 칠산도 앞바다에서는
해가 환하게 떠 있는 하늘에서 눈이 내렸다

어둡지 않은데도 그늘이 번진다는 것은
가슴에 누구를 깊이 슬었다는 거다

눈송이들 스스럼없이 앙가슴 풀고 내려앉아
갯벌의 차진 몸을 끌어당기자
먼 바다 물들이 강아지처럼 달려와서
꼬리치며 품에 안겨들었다

영광 칠산도 앞바다에서는

삼켜도 미어지는 가슴을 어쩌지 못해
깜깜하게 눈감고 서 있으면

북극에서 팔 벌리고 달려와 통곡하는

여인의 차디찬 흰 손이 보였다

# fade out 그리고 fade in

그리워질 때까지만 희미해질 수 있겠니
다시 또렷해지기까지 기다리고 있을게

바람이 불어 올 때쯤
무릎을 구부리고 앉을 수 있겠지
나무로 만든 의자처럼

관절 없이도 구름은 산을 넘어가고
안개는 말없이 나무들을 지웠다

잊으려고 가슴에 향수를 뿌렸지만
나에겐 너의 냄새가 짙게 느껴져
사라진 다음에도 우리는
끝내 이별하지 못하는구나

널 의식하지 않으려고 마시는
에스프레소 한잔에도

다시 구름을 데리고 오는 바람의 인기척

흔적하나 남기지 않으려고 삼켰던
눈물의 쓴맛이 사라지기도 전에,
사라지기도 전에 일렁이며 다가오는
나무의 발자국 소리

# 사랑을 위한 알레그로

예정에 없던 걱정 따위가 찾아와서는
얼른 가지 않으려 한다

문득 찾아오는 슬픔 같은 건 어쩔 거냐고 물으면
지금은 그때와는 다른 질량의 삶을 산다고,
오래된 소문처럼 이제는 감정도 누그러져서
눈물조차 털어서 볕에 널 수 있는
스펀지 같은 가슴을 지녔다고

혈관이 탄력을 잃는 것 같아서
활화산의 식어가는 마그마 같아서
존재의 이유를 상실해 갈 때

예정에 없던 인연이 찾아온다면
새로운 행성을 찾아 나서는 우주선처럼
오롯이 사랑의 연주에만 집중하기 위해
미지의 공연장을 찾아 머나먼 우주로 나가고
싶다

# 어떤 날

시퍼런 입 냄새를 남기고 바람은 간다
얼핏 예감되는 한줄기 비정非情
무심하게 에두르는 첩첩한 심사에
허연 낮달을 삼키다 목이메인 한나절
이날은 그렇다, 현기증 나도록 몸살을 앓는다
옛정은 도탑지만 별리의 무상함이 싫어서
스치기만 해도 울음 터질 하늘아래 서 있다

# 남문산역에서

만나고 떠나는 것은 적막한 일

고요한 바닥에 풋감이 떨어지고
떨어진 자리에 그림자 겹겹이 손을 흔들면
기적소리는 영천강 물위에 목을 풀었다

한때, 우리의 사랑이
차오르는 들판처럼 밀려왔다가
우두커니 바람으로 세워두고 돌아섰던 이 역에서
밤차를 타고 어디든 멀리 떠나보고 싶었다

그러나 그런 청춘도 이제
녹슨 철길처럼 평행선을 그으며
결별하는 일들로 아득하여졌으니

남산 허리를 돌아오는 객차마다

감꽃 같은 얼굴을 떠올리며
역전 막걸리 집 낡은 걸상에 앉아

오지 않을 사람을 기다리는 일이었거니,

오늘도
먼 기억 속으로 숨차게 달려온 기차가 도착하고
― 여기는 남문산, 남문산역입니다!

# 날개

공중으로 떠오른다는 것은
지상에서 발을 거둔다는 뜻이다

하늘이 무섭지도 않니? 라는 말을
여러 번 들은 적 있으나
새들은 멀뚱멀뚱 날아올랐다

발을 가질수록 허공을 지향하는 이유를
놀이공원에 가서 청용열차를 타본 사람은 안다

비행기를 타고 가면서 혹시나 싶어
겨드랑이를 더듬어 날개를 찾아보았으나
이미 날개는 많은 발을 태우고 어디론지 가고
있었다

잠시 동안이었는데
비행기가 몸속에서 발을 꺼내어 앉기 시작했다

새들도 지상을 향하여 발을 뻗기 시작했다

날개를 가진 것들은 모두 지상으로 돌아와 앉았다

## 술래잡기

너는 내가 안중에도 없겠지만
나는 너를 찾아 나선다

어제를 뒤져서 발견한 오늘은
말갛게 돌아앉은 현실,
빈손으로 뻗어가는 넝쿨에게는
지금이 한창 치열한 때

혀를 내밀어 너를 맛보고
나의 생각이 너의 허리를 감아쥐는 순간
혀가 기억하는 모든 맛과
몸이 추억하는 모든 꼴은 사라진다

어느 뒤에 숨어서
얼굴을 감추고 웃는 너와
숨바꼭질하는 나는 한통속이다

두리번거리며 스쳐 지나가는
청맹과니의 열 두 대문이다

# 수직은 수평을 지향한다

직립하는 행보는 늘 가파르다
마디마디 부러진 하늘이 자지러져 떨어진다
가끔은 굴절되고 싶은 거지
깊어지고 싶은 거지
미덥게 오는 파문사이로 향나무 한그루 몸을 떨었다

결을 세운다
뜨거운 눈물이 몸이 되고
몸이 결절되는 틈과 틈 사이를 깎아 지르는 소리,
빠듯하게 빠져나온 빗금들이 알몸으로 구겨졌다
땅을 짚고 하늘이 눕는다
나란히 포개지는 젖은 관절들
모처럼 편안한 수평이다

## 그대에게로 갈 수 있는 마음

뙤약볕에 아무도
미동하지 않았다

길게 늘어뜨렸던
혀를 거두어들인
강아지의 눈빛이
사뭇 깊어져온다

꼼짝 않던 나뭇잎
하나 둘 움직인다
아, 가을이 왔다

## 초가을

된장잠자리 떼 지어 찾아와 뜰을 누비다 간 뒤
보슬비 소슬 거리며 사립을 기웃대다 말없이
가고
적막해지는 오두막을 낚싯대 메고 걸어 나와

저수지 둑에 기우는 햇살처럼 퍼질러 앉으니
물오리 한 마리 하늘비친 수면을 외로이 헤어
가네

# 들꽃

오늘도 나는
한줌의 햇볕으로 살고
한줄기 바람으로 살며
떨어지는 빗방울의
감촉으로 산다

내 것과 네 것 따로 없이
필요한 만큼 주어지는 나날

나는 따스하고
나는 흔들리며
한구석 어딘가 젖어 못내 외롭다

# 감정적 상처

머릿속에서도 달이 뜬다는 느낌
둥그런 것이 영롱해진다는 느낌
차가운 감촉이 조금씩 자라는 기분
아하, 이제야 철이 드나 보다
쏟아지는 우박을 맞고 생긴 자국처럼
만져보면 설핏 웃음 나는 의식의 흔적

이웃집 할머니가 꿈 얘기를 들으시고
-어른이 되는 거야, 마음이 자라는 거지!
그날부터 젊잖아지고 말투도 진중해졌다

진료를 마친 의사 선생님이 말했다
-운석이 박힌 자리가 깊네요
이따금 운석이 우주로 돌아가기 위해
뜬금없이 몸부림치더라도 놀라지 마세요

# 임사 체험

다시 돌아오지 않기 위해
아프게 떠난 기억이 있다

푸른 낙엽이 지듯
청춘을 버림받은 고립무원의 외로움으로
홀로 세상의 끝에 다다른 적이 있다

지구에서 발을 떼기만 하면
허허한 구천이 눈앞인데
그 갈림길에 쪼그려 앉아 기다리는 동안

별들은 불꽃처럼 쏟아져 내리고
오동잎 와르르 무너져 내렸다

아무도 오고 가는 이 없는 우주의 적막함,
전부를 빨아들일 것 같이 휘몰아치는 블랙홀의
소용돌이는
철없이 떠나온 나를 끝내 허락하지 않았다

## 모허절벽의 꽃


절벽 끝 암벽에 발을 디디고
대서양을 향하여 몸을 던져서
아찔하게 꽃을 피우는 식물이 있다

세찬 해풍이 줄기를 흔들고
푸른 파도가 끌어 당겨도
지조와 절개의 서슬이 푸른
선비 집 담장 위의 능소화처럼
표표히 매달리운 생명이 있다

여기는 아일랜드,
유라시아 산맥 끝 지리산의 서생이
제 발로 찾아와 절벽에 닿았으니
어쩌다 세상을 살아가다보면
아찔한 낭떠러지 하나 쯤 만나게 되나니

몸서리치는 바람이 등을 밀어도

단념의 유혹이 끌어 당겨도
절대 끝을 보이지 않았던 질긴 마음처럼


멀고 먼 이국 섬의 암벽에 뿌리를 박고
집념으로 삶을 살아가는 여린 꽃들이
수십 길 절벽에 전부를 내어 맡긴 채
이리저리 바람에 흔들리며 티 없이 맑게 웃고
있다

## 동백꽃 임종계臨終戒

밟지 마시라!

피가 식지 않았으니

아직 얼굴이 붉은 것이다


놀라지 마시라!

임종불을 기다리고 있으니

아직 눈 뜨고 있는 것이다


감탄하지 마시라

이승의 마지막 예를 갖춤이니

조용히 바닥을 알고 가겠노라

# 3부

# 목화 2

꽃이 피었으니 다래가 맺을 차례입니다 가지마다 시간의 지평너머로 하나씩의 우주가 생성 됩니다 타원형의 꼬투리 속은 혼돈과 어둠이 서로를 껴안고 가뭇없는 시간을 참아냅니다 새 생명의 잉태는 언제나 적막 합니다 무르고 여린 것들은 무섭고 혼탁한 이 세상에 나오기가 두렵습니다 한 올 한 올 본능의 손길이 짜내는 배냇저고리, 도담스런 다래가 벌어져 흰 울음을 터트릴 때 새파란 가을은 아직 철이 들지 않았습니다 바람이 흰빛을 물고 마을로 드는 저녁, 말 못하는 식물도 제 새끼를 감싸는 요량이 있는 줄을 비로소 알았습니다 아궁이 속에다 마른 목화대를 태우며 생의 기승전결을 읽었습니다

## 부석사 선묘낭자

돌탑은 사리숨체가 되고
펄럭이는 깃발 없어도
여전히 절집을 알리네

아미타여래의 음성 목탁으로 울리고
어둠속 빛과
빛 속 어둠이 함께 있어 현현하니
존모의 마음도 함께 있으리라

천축국으로 떠나며 땅에 꽂은 지팡이
불력으로 잎을 피워
영원히 사모하려고 돌이 된 기도 위에
끝없는 지혜무량 그림자를 세우네

# 단속사지 삼층석탑

매화를 보러가서 부처를 만났습니다. 천년도 더 지난 세월에 비하면 청련화안靑蓮華眼이 흠이 있긴 했으나 자태는 금강 같아서 낯설지 않게 안부를 올렸습니다

면류관을 쓴 임금의 초상을 모시고, 신행선사, 대감국사, 진정대사, 고승대덕이 주석하였으나 세속과 단절하는 바람에 홀연히 절은 사라지고  천년의 시작과 끝이 지금도 여기에 머물고 있으니 쉼 없이 흘러가는 청계의 물도 이제야 겨우 부처의 발등을 적시는 중이어서 지나간 것도 다가오는 것도 모두 여여무상입니다

눈을 떠보니 어느새 꽃은 져서 흩날리고 솔숲의 당간지주 끝에서 흰 깃발만 바람에 나부끼고 있었습니다

## 공개바위

아득한 옛날부터 지리산 뒷자락에
천왕할매 갖고 놀던 공깃돌 다섯 개가
구만 필 삼베옷 속에 감추어져 있었네

약간은 비스듬히
다섯 단 우뚝 솟아

사람들이 찾아와서
소원 비는 기도소리
가만히 귀 기울이며
듣고 있는 저 모습

이제는 속 시원히 전설인지 역사인지
궁금한 불가사의 말해도 좋으련만
오늘도 하늘 우러러 무심으로 서 있네

* 산청군 금서면 방곡리에 있는 다섯 개의 바위,
 지리산 천왕할머니가 공기놀이 하던 돌이라 하여
 2007년 경남도 기념물 제266호로 지정, '공개바
 위'는 '공기놀이 돌'의 방언

# 금기

소의 뱃속에 염소 한 마리

염소 뱃속에 토끼 한 마리

토끼 뱃속에 쥐 한 마리

쥐약 먹은 쥐를
우리 강아지가
뱃속에 넣었다

## 우담바라

햇무리가 광배로 둘러앉은
다소곳한 표정에 비친 얼이 맑다

아미를 스치는 일촌광음一寸光陰이
보여 질 듯하다가
여린 솔숲처럼 고요해 지는데

눈을 마주쳐 보려고
가까이, 가까이 다가앉더라도
그 심서心緖 읽을 수 없는 무량함이야

사유思惟가 우주처럼 광활하여서
도타운 설법 위에 영혼을 가부좌로 앉혀놓고
한줄기 염念을 올려 사화詞話를 청하려하네

# 하루

해를 등지고 집을 나서서
해를 업고 돌아온다

날마다 새로 돋는 아침을
맡겨두다시피 떠나오지만
당신은 아장아장 걸어와서
어깨를 물들이는 노을이 되나니

이렇게 정중한 영접으로
하루가 되고
나날들이 쌓여 올올한 나의 자취가 된다

# 얼룩

무던히도 애 쓰셨습니다
하하하하하…

문자를 읽고
부르르 떨리는 손으로
간신히 벽을 짚는다

현기증이 오면서 환영이 보였다

식은땀이 번지는 손바닥으로
잔영이 어른거리는 벽을 쓸어내렸다

오래 붙여 두었던 마음을 떼어낸 자리에
형태가 그대로 남아있었다

아무리 애를 써도 희미한 흔적은 지워지지 않습니다
이히히호호호히히히히히힣…

# 점의 발견

*아이들의 얼굴에 누가 점점을 이리도 찍어 두었을까*
*복잡한 세상에 가능한 크게, 가능한 짙게*
*과일 속 씨앗처럼 생김새도 다양하게*

*거울은 아이들의 얼굴을 보여주지 않았다*

한 아이가 나무에 오르고 두 번째 아이도 나무 위에 올라가네 나무는 왜 허공을 걸어가는 것일까 한꺼번에 풍덩풍덩 하늘로 뛰어드는 걸까 가지에서 점들이 돋아나네 하나 둘 셋 넷… 나무가 찍는 점은 크기도 모양도 함께 푸르렀다 한 아이의 미래는 돋아나지 않았고, 한 아이의 미래가 꽃피기 시작할 때 한 아이는 제 속에 갇혀 자폐를 앓고 있다 바람이 점들을 하나씩 이어갈 때 나무는 나이 들기 시작하고, 너는 누구니? 하고 물었을 때 나무는 늙어가는 손으로 천천히 선 긋기를 멈추었다 하늘은 무연하고 그려진 도형들이 눈앞에서 사라졌다 마치 꽃들이 수정을 모두 마쳤다는 듯이

   나의 크기는 어디로 갔을까?
   연결된 형태를 찾으려 할 때
   고정된 나를 만지려 할 때

나무아래 무성한 그늘을 쓸고 있는 노인의 굽은 등에서
오래된 선들이 무너지고 있다
먼 곳 다녀온 시선이 발등에 떨어질 때
뿌리 가까이 꽃송이 뜬눈으로 바닥에 누울 때

# 백두산 가는 길

자작나무 숲으로 난 오래된 길을 따라
눈송이 되어 하염없이 걸어가리라
여기서는 아무도 이념의 모자를 쓰지 않고
오직 말간 생각으로만 걸어가는 것이다

한 땀씩 백두의 품으로 스며들면
처음으로 갓 난 나라
단군조선의 정신 만날 수 있다

이 나라 정수리에 고인
홍익세상 변함없이 푸른 천지 그리며
켜켜이 쌓인 역사 거슬러 가는 영혼에게
내가 누구인지를 분명히 알게 한다

순백의 옷 입고 찬바람 견뎌온 자작나무들
산맥을 얼싸안고 부르짖는 아우성이
울혈 맺힌 가슴 치는 징소리로 들리는 것은

너와 나 백두대간 뼈 속에 뿌리를 내리고
길차게 지금까지 살아왔기 때문이다

푸른 맥박소리 쩌렁쩌렁 울리며
겨레의 숨결 뜨겁게 뛰노는 이 강산을
손잡고 우리함께 걸어가야 하리

자작나무 한 결로 빛나는 이 길 따라
찬란한 새아침을 맞아야 하리

# 사월에 부치는 편지

어머니, 멀리 언덕이 보이는 창가에서
빨간 자전거를 타고 오는 우체부를 기다립니다
나에게로 오는 편지가 오늘은 없더라도
라일락이 피기 전 들판으로 나가
연둣빛 우표를 사겠습니다

파릇한 풀포기와 맑은 인연의 시냇물을 뒤적여
수취인의 이름을 햇살로 또렷하게 적어 놓겠습니다
사월의 바람이 흙 묻은 손으로 편지를 봉하면
꽃물 든 입술로 꾹-꾹 눌러 소인을 찍으렵니다

어머니, 고동소리 없이 떠나는 종이배를 접어
굽이진 물길의 먼 끝에 가 닿을
그곳의 주소지로 띄워 보내겠어요
나의 이름으로 부쳐진 편지가 계절을 돌아

만선의 깃발 나부끼는 항구에 도착하는 날
비로소 어머니는 나의 이름을 알게 되겠지요

어머니, 지금은 고요히 저를 낳으시고
우체부의 빨간 자전거는
소리 없이 스쳐 지나가고 있어요
아직은 이름 없는 꽃들이 무리지어 피는 사월
입니다

# 피아노 5중주

차려진 식탁에 둘러앉은 가족들
아버지는 아들을 바라보며 눈짓을 하고
어머니는 냅킨을 펼쳐 비올라를 닦는다
누이가 찢어진 눈으로 동생들의 표정을 살피며
건반 위에서 손가락을 푼다
아버지의 첼로가 중저음을 울리자
어머니와 딸아이가 손사래 치며 머리를 흔든다
식탁 곁에서 입을 앙다문 피아노,
가끔 헛기침을 하며 음을 받지 않고 있다
어머니의 비올라가 통명한 소리를 질렀다
이윽고 피아노 건반이 움직이고
가족들의 대화를 애매하게 끊었다가 이어가게 한다
드보르작 피아노 2번 제3악장의 연주가 시작되었고
표정으로 대화를 나누는 가족들
바이올린 네 개의 눈동자가 첼로와 비올라를 번

갈아 보고
피아노는 사춘기 언니의 목소리처럼 변주가 심하다

# 무명 가수의 노래

아직 나이도 어린데
살아온 날들이 얼마나 추웠는지
*얼음요새처럼 견고하기도 하면서
무표정한 겨울의 민낯으로
온갖 차가운 언어들로 노래하는
피지 못한 수천 개의 꽃잎

소리 내지 못하고 삼키며 삼켜온
봉오리 속 겹겹이 응어리진 여린 자아가
이제야 음을 틔워 형상을 그려내기 시작하는데

까맣게 그을린 밤을 수 없이 지새워서
득음하듯 흘러내리는 연둣빛 눈물적시며
동녘에서 새벽빛을 몰아오는 그 푸른 외침

*얼음요새 : 디어클라우드의 노래제목
*2022년 2월 : 싱어게인2 패자부활전에서 마지막
　　　　　　Top6에 선정된 무명가수 김소연의
　　　　　　노래를 듣고...

# 싱어게인(김이나)

음악 앞에서는 두 손을 모으네
다소곳이 턱을 감싸며
경건하게 영혼의 목소리를 맞이하는 사람
노래가 그윽해지면
검은 눈동자에 별을 띄우는 사람

우주를 항해하는 선율을 끌어당겨
주파수를 맞추려고
파라볼라 안테나처럼 귀를 펼치는 사람
고요하게 진동하는 감성의 세포들이
일렁이는 물결의 살갗 아래에서
음률을 만지는 미세한 돌기를 지닌 사람

다문 입술로도 가락을 맛보며
가사를 따라 흥얼거리다가
플루트의 음성으로 평을 말하는 사람

애동대동한 가수의 긴장한 감정을
목련의 하얀 미소로 위로하며 공감하는 사람
지상의 노래하는 자들을 위하여
아낌없이 포근한 박수를 보내는 사람

# 미얀마 소년

머리에 이고 있는
망고 광주리 속에
소년의 오늘이 담겨있었다

무거운 과일을 어서 다 팔아야
소년의 키가 자랄 수 있었다

숲의 나무들은 아침을 굶었는지
핼쑥한 얼굴로 소년에게 줄
열매를 자꾸 게워내었다

밀림을 불사르고 땅을 만들어야
소년은 날개를 달 수 있었다

날아가서 앉을 가지가 없어지면
새들은 날개깃을 뽑아 버릴 것 같았다

삭아서 덜컹거리는 기차는 달리는 데
소년은 가서 돌아올 반환점이 없어보였다

팔리지 않는 과일에 벌레들이 꼬여
소년의 장래를 갉아먹고 있었다

# 조지아에서

카즈베기* 산맥의 잔설을 녹이는
한가락 바이올린 음율
코카서스여, 프로메테우스를 기억하는가
그의 눈에 비치는 이 언덕의 불꽃을

흰 연기와 불꽃 속에 어른거리는 독수리 그림자
산 너머로 드리운 북풍의 잔등이 위에
눈부시게 펼쳐지는 초원의 빛,
계곡은 맑고 따스워
농부의 마차 위엔 건초가 가득하다

*카즈베기 산 : 높이 5,053m의 산으로 1979년 소련에 의해 자연보호구역으로 지정되었다. '카즈베기'는 소련연방시절 부르던 이름이며, 본래는 조지아 수도사 이름에서 유래된 '스테판츠민다'이다. 코카서스 산맥의 미봉 가운데 하나이며, 조지아에서 가장 아름다움을 자랑한다. 이 산은 그리스의 프로메테우스 신화와 관련이 있다.

## 졸곡卒哭

누가 너의 이름을 불러주랴
이미 무너져 내린 어둠뿐인데
불여귀不如歸마냥 울던 피붙이들도
흰옷을 깃발삼아 여기를 떠나간다

너에게는 육관六官의 인연이 남아서
돌 어귀에 새겨둔 그들의 이름,
혈육의 이름 떠 올리며
그믐날도 외롭게 울어야 한다

깊이를 알 수 없는 시간의 강가에서
우리 다시 만날 수는 있다
세상의 번뇌 흙 속에 삭히고
눈부신 백자 빛으로 볼 수는 있다

남겨진 너의 이름 새겨 갈만한
빗돌 같이 단단한 마음도 없이

낮달 뜨는 동네로 터벅터벅
돌아보며 내려오고 있을 뿐

누가 너의 이름을 불러주랴
이미 잊혀져버린 사람인데
쏙독새마냥 울던 사람들도
손수건을 깃발삼아 모두 떠나갔다

4부

## 우문현답 愚問賢答

하느님, 어떤 사람을 사랑해야 할까요
나를 좋아하는 사람입니까
내가 좋아하는 사람입니까
아니면 혈육입니까, 이웃입니까

부처님, 어떻게 사랑해야 할까요
나를 사랑하는 만큼입니까
내 모든 것을 다 바쳐야 합니까

사랑은 사람을 가려서는 아니 됩니다
사랑은 마음에서 우러나와 진정어린 것이라야
합니다
사랑은 대가를 바라지 않습니다
사랑은 모든 변邊을 여의고 머문데 없이 마음
을 내는 것입니다

# 단청丹靑

닳고 닳아서 빛바랜 하늘이 진눈개비처럼 흩날려 내릴 때
비로소 당신을 떠올리며 백두산의 순록처럼 청동빛 노래를
부르겠어요

먼지가 돌이 되고 돌이 다시 가루 되는 시간동안 채색 된 내 가슴 어디쯤에서 당초唐草 덩굴이 뻗고 연꽃이 피어날까요

돌을 쓰다듬고 나무를 품어서 부드럽게 잠들게 할 수 있나요
나의 머리맡에서 당신의 흰 손이 줄을 잡고 흔들어서 우리 가슴속에 순한 음률과 부드러운 색을 입혀주세요

가야금 산조가 울려 퍼지면 당신이 안료처럼

내 속으로 스며들고 나는 *야교등夜交藤 덩굴
손으로 당신을 안아 올려 모진 풍우에도 삭지
않을 또렷한 마음하나 그려 넣을 테지요










*야교등夜交藤 : 여뀟과에 속하는 덩굴성 식물

# 봉명산 다솔사

세상을 휘젓고 다니다가
가끔 집 걱정을 한다

수행을 위해 고승들이 밟았던 길 따라
소나무 숲 지나면 편백나무 숲,
오솔길 끝에 서서 속 다 비운 비자나무

맞배지붕 대들보 하나로
허공을 걸머진 대양루大陽樓 관절이 아픈데
효당曉堂스님 반야로차般若露茶 달이시던 시절

만해 선생
법린 선생
범부 선생
동리 선생

인연으로 깃들었던 사람흔적 거느린

안심료安心寮 낡은 서까래 뒤척이는 소리에
어느 날 봉황이 울어 산을 깨칠 것이다




*봉명산 다솔사 : 경남 사천시 곤명면에 위치한 1500년 된 고찰. 신라 지증왕 4년에 연기조사(緣起祖師)가 창건하였다. 대한불교조계종 제14교구 본사인 범어사(梵魚寺)의 말사다.

# 저녁

설거지를 해서 말려 놓았던 그릇들을
햇살에 살포시 든 잠을 깨워서
살강에 자리 잡아 엎어 놓으면
서글픈 얼굴빛의 노을이 산 그림자를 그린다

마실 나갔던 강아지가 탈래탈래 들어오고
수염이 덥수룩한 저녁연기도 담장을 짚고 걸어
온다

나갔던 것들이 돌아오는 저녁나절에
다시 아궁이에 불을 지피는 동안
추녀 끝에 등불처럼 달이 걸리고

저녁이면
나에게서 멀어져간 여린 마음 하나가
어스름에 싸여 돌아 올 것만 같아서
달빛 고여 드는 사립짝을 자꾸 내다본다

# 달 항아리

무엇을 담으려고 품이 그리 너그러운지
슴슴한 저 표정

테두리 없는 하늘에 널어놓은
우웃빛 무명베

나부낄 때마다 푸른 바람 이는
정결히 둥근 어머니의 가슴 폭
대가족 희노애락 다 감싸 넣어도
한평생 얼룩 한 점 내색도 없이
무량하기 그지없는 어머니의 심성

유학의 서슬아래
그지없이 깨물었던 시린 입술로
부황 든 조선을 안고 고요히 뜨는 달

# 나의 노래

나의 요람은 황무지의 돌밭이었어요
아늑하지 않고 늘 불편했던 유년은
거의 매일 시리고 배가 고팠어요
의지와는 무관하게
바람이 떠미는 방향으로
놓친 풍선마냥 떠 다녔어요
주위가 허전하게 그늘이 지면
외롭지 않으려고 소리 내어 흥얼거렸죠
노래는 몰라도 새소리와 가랑비소리를 냈지요
천둥이 낮은 음과 높은 음을 가르쳐 주었고
번개는 스타카토를 구분해 주었어요
웬만하면 슬픈 노래는 부르지 않기로 했어요
슬픔은 나의 어머니라고 생각했어요
어머니를 부르면 눈물이 나니까요
밝은 구름사이로 상현달이 보이면
그때의 노래가 언뜻언뜻 떠올라요
그럴 때면 참을성 많고 혼자서 잘 자라 준

나의 어린모습에게 그 노래를 불러주지요
아무도 들어주지 않아도
자연이 가르쳐준 그 음정과 박자로
가슴에 그려놓은 음표를 떠올리며
가만히 눈 감고 어렸던 시절의 나에게
세상 헤쳐 오느라 힘들고 외로웠을 나에게
그때의 노래를 조용히 불러줍니다

# 목련꽃

차라리 만나지 말았으면 하는 첫사랑 연인처럼
바람 조찰히 부는 날 문득 우리 만난다
한 가지에서 피는 잎새를 네가 모르듯이
맨몸으로 피는 속내를 나는 알지 못한다

무엇이 그토록 서러웠는지
눈부신 속살로 뛰쳐나온 너는 떨고 있다
가야금의 율선에서 피쳐 나온
비감과 희열의 중간쯤에서
그 떨림은 미소 같기도 하고 애련 같기도 하다

어수선한 춘사春思는 설레다 저물고
저문 끝에 드리워진 그늘 아래서
겨우 너의 춘정을 눈치 챌 즈음에
이미 너는 옷을 입고 봄 밖으로 나가고 있다

이루지 못한 너와의 봄 한 철이

허공 아래로 하얗게 지고 있다

# 그 무렵 내리는 비

비가 내렸을까

가슴이 뛰기 시작 했을 때
심장이 다른 심장에게 뛰어보자고 했을 때
빗방울도 뛰기 시작 했을까

빗물을 따라 가면서
어귀에서
모퉁이에서
골목길에서 기다렸던 시간들

서로가 영롱하지 못해서
서로를 더 촉촉이 적셔주지 못해서
넓은 바다에 함께 도달하지 못했지

후둑
후두둑

비 오는 그 무렵

너는 비를 따라 곧장 가게 되었고
서로 방울지지 못해서...
미안해요

그 무렵 내리는 비를 맞으며
지금도 나는 자꾸 뒤를 돌아다본다

## 낙하落下

높은 나무둥지 속 물오리 새끼들이
스스럼없이 아래로 뛰어내리는 것은
새로운 세상으로 사려 깊게 떠나는 일

물이 몸을 던져
낭떠러지 아래로 떨어지는 것은
더 멀리 흘러가기 위해
숨을 한번 크게 톺아보는 일

꽃대 끝에서
꽃잎 이윽고 떨어지는 것은
정신을 가다듬어 결실을 향해
몸 낮추며 경건하게 마음 비우는 일

## 우전차 雨前茶

불 지피고
찻물이 끓는 동안
메말랐던 겨울을 묵념한다

마른 찻잎에 물을 부으니
잎맥이 소스라쳐 가랑비 소리를 낸다

잡아주었던 손의 온기가 스며들어
언 가슴 한 모퉁이 녹아내리던
차디 찬 새벽 별빛 희미하게 떠오른다

켜켜이 쌓인 눈을 녹여주고
가슴에 등불 하나 훤히 밝혀준
그 사람 지금 봄비로 오고 있다

# 목화의 노래

목화대를 태운다
사위어지는 목화의 일생이 희게 피어올랐다
모애慕愛를 화두로 삼고 살아온 수행은 치열했다
낯선 땅으로 이주 해 와서 정착한 실향의 세월
허락받은 생은 단 23주, 매년 가을까지였다
일정이 촘촘했다
감나무에 참새가 앉아 보일락 말락 할 즈음
흙속에 몸을 묻어 떡잎을 틔우고
4주째에 가지를 벌여 꽃을 피우면
일생의 3할이 지나간다
다래를 맺어 내공을 축적하는 기도의 시간
남은 생애 전부를 태양아래 참선으로 지새우다
비로소 깨달음을 뜸들이며 열락悅樂에 이르면
흰빛 터지며 세상에 쏟아 내는 법문 한마디,
어머니의 사랑 위에 더 큰 자비가 어디 있느냐
모든 것 내어주고 원래 자리로 돌아가는 시간

푸른 하늘에 무명베 펼쳐 장엄을 이루고
한줄 연기 뽀얗게 그으며 이 생의 고요한 길이
된다

# 어디로 가나

커피 한 잔에 브런치를 먹고
달게 먹은 아이스크림 때문에 생수를 마시고
어디를 가나?
햄버거에 감자튀김 콜라로 입가심,
더해서 망고아이스랑 스낵 한 봉지,
아이스 아메리카노 들고서 담배를 피우며 함께
걸어가네
치킨과 피자를 배달시켜 먹고
케이크 한 조각에 와인도 한잔…

실컷 먹은 사람은 배를 두드리며 잠자러 가지
종이컵에 기름종이, 패트병과 수북한 비닐포
장지들
이런 것들은 어디로 가나? 어디로어디로어디
로갈까?
태우면 발암물질, 버리면 바람타고 강물에 실
려 어디에?

땅속에 묻으면 몇 백 년, 몇 천 년
바다를 떠돌다 이루는 거대한 쓰레기 섬

햇빛과 바람에 분해되어 미세플라스틱
어린물고기들이 흡입하면 큰 물고기에게 먹히지
큰 물고기 잡았다고 기뻐하긴 일러,
듬뿍 초장에 찍어먹는 미세플라스틱 회,
매운탕 끓여서 국물을 마시고 켁켁켁…
그냥 버린 쓰레기 결국 내가 다 먹고 마시는 거지
그래서 병 걸리고, 암 생겨서 죽는 거지! 일찍 죽지!

어떻게 해! 우리 자식, 손자손녀들은 어떻게 하지?
쓰레기로 뒤덮은 세상에 어떻게 살지?

생각이 있으면 생각을 해봐! 제발 생각 좀 해 보라고!
물려받은 지구를 이렇게 오염시켜도 되는지? 다음 세대들은 어떻게 살아갈지를 한번쯤 생각 좀 하지!

## 범종소리

부처님 음성
온 세상으로 울려 퍼지니

어제, 오늘, 내일이
한데 묶여 돌아가는 데

나는 그 어디에 있을 것이며
내 얼굴은 무엇을 바라보고 있을 것인가

## 반가사유半跏思惟

눈송이들은 서로 껴안을 줄 안다
뭉치면 뭉칠수록 단단해질 줄 안다

생각해보면,
세상의 일들은 미망迷妄이고 헛되어서
쌓아 올림이 번민이 되는 것이어서

눈들은 녹을 줄 안다
흔적 없이 녹아내려 날개를 달 줄 안다

# 은총

슬픔은 외로운 사람만의 것이 아니라
비애에 젖은 사람을 위로해 주지 않는 자의
인과가 되리라

고통은 아픈 사람만의 것이 아니라
남의 마음을 다치게 하는 자의 과보가 될 것이
다

눈물은 가난한 사람만의 것이 아니라
남의 배고픔을 외면하는 자에게 내리는
신의 마지막 보속이 될 것이다

# 깨달음

수면 위에서 연꽃이 피어납니다
베드로는 물 위를 걸었습니다
세상에는 뜨는 것과 가라앉는 것이 있다고
받아 적었습니다

다이어트를 하려다가
밥상을 끌어당겨 그릇을 비웠습니다

풍랑이 이는 것은 바람이 분다는 조짐으로 생겨나고
두려움은 베드로가
물속에 빠질 거라는 예단 속에 닥쳐옵니다

연꽃은 젖지 않기 위하여 진흙 속에
자신의 무게를 모두 던져 버렸습니다

새벽이 되어서야

젖는 것과 젖지 않는 것이 있다고 알았습니다

허우적대지 않아도 되느냐고 물으려는 차에
마음 가득 봇물이 차고 넘쳤습니다

# 모습은 다 어디로 가나

나의 오늘은 사라지네
그렇게 사랑 했건만
나의 어제는 이미 사라졌네
얼굴,
얼굴들…

흐른 뒤에도 세월은
변하지도 않는데
어디로 가는 걸까
도대체,

떠올릴 수 없는 나와
너

예측할 수 없는 미래처럼
알아볼 수 없어지는데
어떻게 우리는 사랑 했을까

건망증보다 더 지독한
변형이여!
예전의 모습들은 모두 어디에서 만나 옹성일까

■ □ 해설

# 사물로 시 쓰기, 껑충 솟아오른 시
## – 이산 시인의 시세계

강희근

참으로 오랜만에 목화시배지에서 전시관 관장을 맡아 오래 해온 이산 시인의 시를 만난다. 그의 시는 아니나 다를까, 시배지에서 자란 목화가 아침 이슬을 함초롬히 머금고 겨레의 민복民福으로 서 있다는 느낌을 준다.

그의 시는 아직 산청문인협회를 만들고 함께 산골 문협다운 함초롬한 모습의 시를 쓰자고 다짐하던 그때를 떠올리기에 오히려 행복한 순간을 선물해 주고 있다. 시가 거기 머물고 있는 것이 아니라 껑충 뛰고 솟아서 내 앞에 와 선 것이다. 함초롬한 시편들! 그는 대뜸 내가 좋아하는 북유럽으로 데리고 가서 그쯤의 이미지를 만들고 있다.

> 따뜻한 말 한 마디에 녹아내리는 영혼이 있다면
> 죽기 전에 만년설 덮인 산으로 가고 싶었다
>
> 애틋하게 쌓아올린 감정으로 이루어진
> 몇 개의 언덕을 넘어
> 수평선과 맞닿은 태양이 아래부터 녹기 시작하는
> 그런 바다로 가고 싶었다
>
> 혀끝에서 천천히 사라지는 산맥과 빙하의 조문을 위해
> 왕관을 눌러 쓴 이마가 극지에 가 닿도록
> 입김으로 호호 손 녹여가며 절을 올려야 하리
>
> _「아이스크림」에서

시인은 지리산 초입에서 한국의 극지인 천왕봉을 우러러 보다가 저 노르웨이의 만년설을 그리워한다. 말 한 마디에 녹아내리는 영혼으로 죽기 전에 만년설로 가고 싶다는 것이다. 죽어서도 갈 수 있겠지만 그 전에 극적으로 가고 싶다는 것 아닌가.

애틋한 감정의 언덕을 넘어서 수평선과 맞닿는 태양이 녹는 피오르드 끝자락 바다로 치오르고 싶다는 것이다.

그래서 혀끝에서 서서히 사라지는 산맥과 빙하의 조문을 위해 달려가고 싶은 그 소망은 내 머리에 왕관 하나쯤 씌우고 달려가야 하는 경건성이 필요하다는 것이다. 이 무슨 소린가. 도저한 대자연에 함께 노니는 인간은 어떤 치장 어떤 상황이라도 최상급이어야 한다는 그 피오르드의 탄력이다. 신비이다.

필자는 시를 읽으며 흥분하고 있다. 저 커다란 빙하가 녹기 전에 그 지하의 굴 뚫기로 자동차로 가서 지하 로터리로 돌고 돌아서 오슬로까지 가고 싶기 때문이다. 이미지를 아이스크림으로 풀어서 어린이가 잘 먹는 과자를 신유빈처럼 입으로 물고 달리고 싶은 것!

시인은 여기서 다시 국내로 시선을 돌린다.

> 영광 칠산도 앞바다에서는
> 해가 환하게 떠 있는 하늘에서 눈이 내렸다
>
> 어둡지 않은데도 그늘이 번진다는 것은

가슴에 누구를 깊이 슬었다는 거다

눈송이들 스스럼 없이 앙가슴 풀고 내려앉아
갯벌의 차진 몸을 끌어당기자
먼 바다 물들이 강아지처럼 달려와서
꼬리치며 품에 안겨들었다

영광 칠산도 앞바다에서는

삼켜도 미어지는 가슴을 어쩌지 못해
깜깜하게 눈 감고 서 있으면

북극에서 팔 벌리고 달려와 통곡하는
여인의 차디찬 흰 손이 보였다

_「흰 손」전문

  시인은 '흰 손'을 여인의 차디찬 흰 손으로 말하고 있다. 그리고 그 흰손은 눈이다. 영광 칠산도 앞바다 눈은 해가 환히 비춰지는 시간에 내리고 있다. 그런 시간에 비가 내리는 것은 호랑이가 장가간다고들 했는데 해와 내리는 눈을 병치시키는 이미지는 여인의 어떤 발걸음이 성큼 다가설 듯한 것이 아닐까. 그렇지 다음에서 "가슴에서 누구를 깊이 슬었다"고 고백한다.

> 눈송이들 스스럼없이 앙가슴 풀고 내려 앉아
> 갯벌의 차진 몸을 끌어당기자
> 먼 바다 물들이 강아지처럼 달려와서
> 꼬리치며 품에 안겨들었다

 그래 놓고 "영광 칠산도 앞바다에서는"하고 한 줄짜리 숨쉬기를 한다. "삼켜도 미어지는 가슴을 어찌지 못해" 그래서 눈 감고 서 있는데,
 느닷없이 북극에서 예비하고 달려와 통곡하는 여인의 차디찬 흰 손!이라 쓴다. 그는 만년설의 녹아내림이 여기서 여인의 흰 손으로 둔갑하여 나타나고 있다. 어쩐지 "영광 칠산도 앞바다에서는"하고 나갈 때 우리는 미리 알아보았어야 했다. 그늘이 번지고 앙가슴을 풀고나 깜깜하게 눈 감고 서 있는 자세가 되리라는 것을, 그래서 그는 만년설까지 다녀왔다는 것을!

 시인은 다시 차를 마신다는 것을 바라보기로 하

자.

    불 지피고
    찻물이 끓는 동안
    메말랐던 겨울을 묵념한다

    마른 찻잎에 물을 부으니
    잎맥이 소스라쳐 가랑비 소리를 낸다.

    잡아주었던 손의 온기가 스며들어
    언 가슴 한 모퉁이 녹아내리던
    차디찬 새벽 별빛 희미하게 떠오른다

    켜켜이 쌓인 눈을 녹여주고
    가슴에 등불 하나 훤히 밝혀 준
    그 사람 지금 봄비로 오고 있다.

    _「우전차」 전문

 우전차를 끓이고 그러자 언 가슴 한 모퉁이 녹아내리는 것을 안다. 그러자 저기서 눈을 녹이고 가슴에 등불 하나 밝혀 주는 그 사람이 봄비로 온다.

눈을 녹이고 봄비는 찻물 끓는 소리를 내며 오는 것이다. 시인은 사물에서 시작하고 사물에서 끝을 낸다. 사람을 말하지만 그 주변에는 사물이거나 녹거나 소리가 온다.

  시인의 사물은 사람의 몸속에서도 엑스레이로 찍히고 있다.

    전신 엑스레이를 찍었습니다

    지금까지 부리며 살아온 몸의 자취들이
    샅샅이 들여다보였습니다

    빛이 들었다 나간 자리에는
    청춘이 빠져나간 빈자리도
    바람구멍처럼 드문드문 보였습니다

    깊어서 캄캄한 가슴 아래
    참았던 눈물들이 고여 앉은 자리

    밀물이 들었다 나간 염전 바닥처럼
    미어지던 것들이 보듬고 엉기어서
    낱낱이 흰 눈빛을 반짝이고 있었습니다

_「소금」 전문

　시에서 사물은 마지막 연에서 밀물이 들었다 나간 '염전바닥'으로 표현된다. 거기 인생이 미어지고 보듬고 엉기어서 낱낱이 흰 눈빛인 소금으로 형상화되고 있다. 몸의 자취는 녹아내리는 것이기도 하지만 먼저 소금처럼 딱딱한 이미지로 굳어져 있다. 그리고 반짝인다. 훈장처럼 주렁주렁 반짝이는 것이리라. 소금이 되기까지 미어지고 눈물이 고이기도 한 것을 확인한다. 구멍이 숭숭 사이를 지나치는 이미지로 잡히는 것일까? 눈은 희지만 만년설을 이루는 것처럼 눈물도 고이면 소금의 흰 빛을 드러낸다. 만년과 고이는 것은 동일 이미지다. 시인은 그 동일성을 용케도 찾아내고 있다.
　이제 이산 시인은 눈을 사람으로 옮겨 놓고 보려고 한다.「눈사람」이 그것이다.

　　당신은 내 안에 있으면서도
　　감쪽같이 사라지려는 사람

　　어디론지 끝없이 흘러가면서도
　　노래를 멈추지 않는 사람

밤길을 뒷걸음질 치며
별빛처럼 점멸하는 사람

빙하보다도 깊고 차가운
슬픔 전부를 닦아내기엔 늦은 저녁

여태껏 단 한 번도 당신을
내 안에서 놓지 않아서
마주 보고 있으면 문득 닮아가는 사람

돌아서서 열을 헤아리라 하고서는
흔적도 없이 사라지는 사람

심정을 모두 털어놓고 붙잡고 싶은
내 앞에서 굳이 뜨거운 이별을 배우려는 사람
눈물로 세상을 하얗게 못질하는 사람

_「눈사람」 전문

 눈사람은 사라지려 하고, 흘러가고, 뒷걸음치고, 그런데도 나는 내 안에서 한 번도 놓지 않는 사람,

그리하여 닮아가는 사람, 이별을 연습하는 사람, 세상을 하얗게 못질하는 사람이다. 눈사람은 인간이 가질 수 있는 모든 요소의 관계망을 이루는 사람의 속성이다. 눈이 녹는다는 말을 직설로 하지 않고 그 결과를 노회하게 해설하고 있다. 말하기는 그러므로 재미를 동반하는 것임을 일깨워 준다. 의미의 변용이다. 이미지보다는 관념의 창출이다. 이미지의 대명사를 관념의 구석진 부분들로 연역해 낸다. 시인은 시인다움을 끊임없이 증명해 보이고 있다.

 이번에는 들꽃을 사물로서 존재하는 그 정서를 10행시로 풀어낸다. 10행시는 서정시의 적정 길이이다. 신라 향가를 떠올리게 한다.

> 오늘도 나는
> 한 줌의 햇볕으로 살고
> 한 줄기 바람으로 살며
> 떨어지는 빗방울의
> 감촉으로 산다
>
> 내 것과 네 것 따로 없이

필요한 만큼 주어지는 나날

나는 따스하고
나는 흔들리며
한 구석 어딘가 젖어 못내 외롭다

_「들꽃」 전문

'들꽃'에 스스로를 가탁한 시다. 햇볕, 바람, 빗방울에 의지하며 살아가는 존재,,그것들이 없으면 한시도 서 있을 수 없는 외로운 흔들리다. 세상 한 구석에 자리 잡아 거들떠보는 사람이 없는 사람이 누구인가. 사람이다. 오관을 가지고 살아가는 그러면서도 지극정성으로 꽃을 피운다. 이것, 고독일 것이다. 고독이 지탱의 알파요 오메가다. 오막살이가 있다면 그 울밑에 있거나 넓은 들이 시작하는 초다듬에 핀 꽃이 좋을 것이다. 내게 주어지는 수명은 얼마인가? 백세시대 거기까지 가는 길은 영욕이 교차하는 낮밤이 되리라. 병원 신세를 지지 않고도 흔들리는 사람 어디 있는가, 벤치마킹 하고 싶은 날의 들꽃! 그 운명은 어디까지인가? 시인은 아무쪼록 그렇게 흔들리다가 가시라! 만년설을 꿈속에서 거닐고 만년 만에 다 녹는 인생을 견디거라!

시인은 실로 내원사 스님처럼 '동백꽃 임종계'를 짓는다.

> 밟지 마시라!
> 피가 식지 않았으니
> 아직 얼굴이 붉은 것이다
>
> 놀라지 마시라!
> 임종불을 기다리고 있으니
> 아직 눈 뜨고 있는 것이다
>
> 감탄하지 마시라
> 이승의 마지막 예를 갖춤이니
> 조용히 바닥을 알고 가겠노라
>
> _「동백꽃 임종계」

이산 시인은 시인인 자기를 밟지 마시라고 경고한다. 아직 얼굴이 붉다고 확인하고 있다. 아직 눈 뜨고 붉은 정열을 기다리고 있으니 놀라지 마시라고언을 쏟아낸다. 감탄하지 마시라, 조용히 바닥을 쓸고 밀리는 것이니, 이 거룩한 인간 등불 동백의 기름 찰찰 흐르는 끈기에 숨죽이며 관망하시라는 주문이다. 이른바 스님의 선시禪詩이자 시인된 자의 불이不二 문자이다. 거룩하다. 불붙어 단풍에 근접하는 자의 천지 경관이다. 결론적으로 사물 경관이다! 시인에게 축복을, 시인에게 은총의 녹아내림을 기대한다. 그는 지금 만년설 피오르드를 통과하는 중이다. 시인은 시집 한 권 손바닥에 들고 가섭처럼 뱅긋이 미소를 짓고 있다. 근엄하구나, 미소여!